情"迁"淮海路

致敬新中国 70 华诞

张国樑房屋征收劳模创新工作室 编

上海人民出版社

Cont

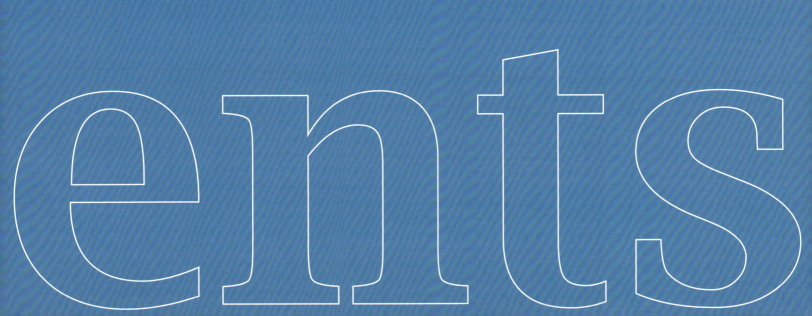

ents

序

徐逸波

　　2019 年初春的上海，庆祝中华人民共和国成立 70 周年的帷幕正徐徐拉开，申城将迎来新上海在回望与展望中走向未来的经典时刻。这本以淮海路的历史、现在和未来为线索，以图片的形式生动演绎淮海路在城市发展进程中不断升级、变迁的精彩历程，展现改革开放 40 年给城市发展带来辉煌成就的纪念画册《情"迁"淮海路——致敬新中国 70 华诞》无疑是献给 2019 的一份厚礼。

　　淮海路，上海城市的地标之一，也是上海最优雅、最摩登、最有情调的代名词。百年淮海路在近四十年中的沧桑巨变，见证了中国改革开放 40 年的辉煌成就。新中国成立以来，无论是原卢湾区，还是卢湾黄浦两区合并后的黄浦区，历届区委区政府，始终把淮海路的建设与发展放在城区经济社会建设的重要位置。尤其是改革开放 40 年来，淮海路的建设与发展进入了快车道，20 世纪 90 年代末至 21 世纪初，淮海路建设进入了以形态为主的大改造，取得了翻天覆地的变化。在大改造过程中，淮海路获得城区形态变化的同时，也涌现了一批以全国劳模张国樑为代表的乐于奉献的动迁工作者和建设者，还涌现了一大批支持城市建设的好市民。进入 21 世纪以来，淮海路建设通过形态和业态联动的产业大提升，打造出了具有国际影响力的淮海路商业街。大改造后的淮海路，更加强了对城市文脉的传承，对自主品牌的支持、保护和发展，进而极大丰富了淮海路的文化内涵。如今，淮海路又迎来了改革开放再出发的发展新阶段。

2018 年 4 月，中共上海市委、市政府召开大会，在全市全力推进以"上海服务""上海制造""上海购物""上海文化"为内容的"四个品牌"建设。中共中央政治局委员、上海市委书记李强强调，"打响'四个品牌'是上海以习近平新时代中国特色社会主义思想为指导，落实国家战略、着眼未来发展作出的重大部署"。2019 年以来，黄浦区加快推进"四个品牌"建设，制定建设上海"四个品牌"核心引领区实施意见和系列三年行动计划。

　　回望过往，作为上海的一条有着悠久历史的著名商业街，淮海路不仅拥有最新最潮的消费品牌，最优最好的购物环境，还有着深厚的文化底蕴，拥有反帝爱国史资源、抗战文化资源、红色文化资源、近现代工商业文化资源。

　　我们完全有理由相信，淮海路新一轮建设与发展，必将会在新时代坐标中坚定追求卓越的发展取向，书写出更加绚丽的篇章，为上海全力打响"四个品牌"作出自己应有的贡献。

2019 年 4 月

（作者系中国人民政治协商会议上海市政协副主席、中共黄浦区委原书记）

前言

　　淮海路，一条充满法式浪漫的道路，一条被誉为上海时尚之源的商街，一条国人公认的最摩登、最有"腔调"的黄金走廊。

　　淮海路，位于上海市中心，南连新天地、思南公馆、文化广场等文化商圈，北邻锦江饭店、花园饭店等高档宾馆区，它与南京路比肩齐名，是上海最重要最繁华的商业街之一。

　　淮海路的路名，与新中国有缘。它始建于1900年，初名西江路，曾更名霞飞路，1950年5月为纪念解放战争淮海战役的胜利，而改名为淮海路。

　　淮海路是一条见证近现代史的风云之路，它已经风风雨雨走过了一个多世纪。这里已有百余圈年轮的梧桐树，曾为一位位革命伟人遮阳挡雨；这里鳞次栉比的历史建筑，则讲述着一大批文化名人的故事；这里的一砖一瓦、一楼一馆，都记录着上海城市建筑发展演变的脉络。

2018 年，我们站在淮海路上向改革开放 40 周年致敬，于是有了《情"迁"淮海路》展览；2019 年，我们又站在淮海路上向新中国 70 华诞致敬，且重新梳理，充实内容，用心编辑，于是就有了这部凝结着一个城市的历史缩影，映现着一条商街百年魅力的纪念画册。

一条路，只有沉淀了历史底蕴，注入了人文精神，她才有长久的魅力，才能保持永不褪色的美感。

现在，就让我们一起翻开这部多彩的时代画册吧！

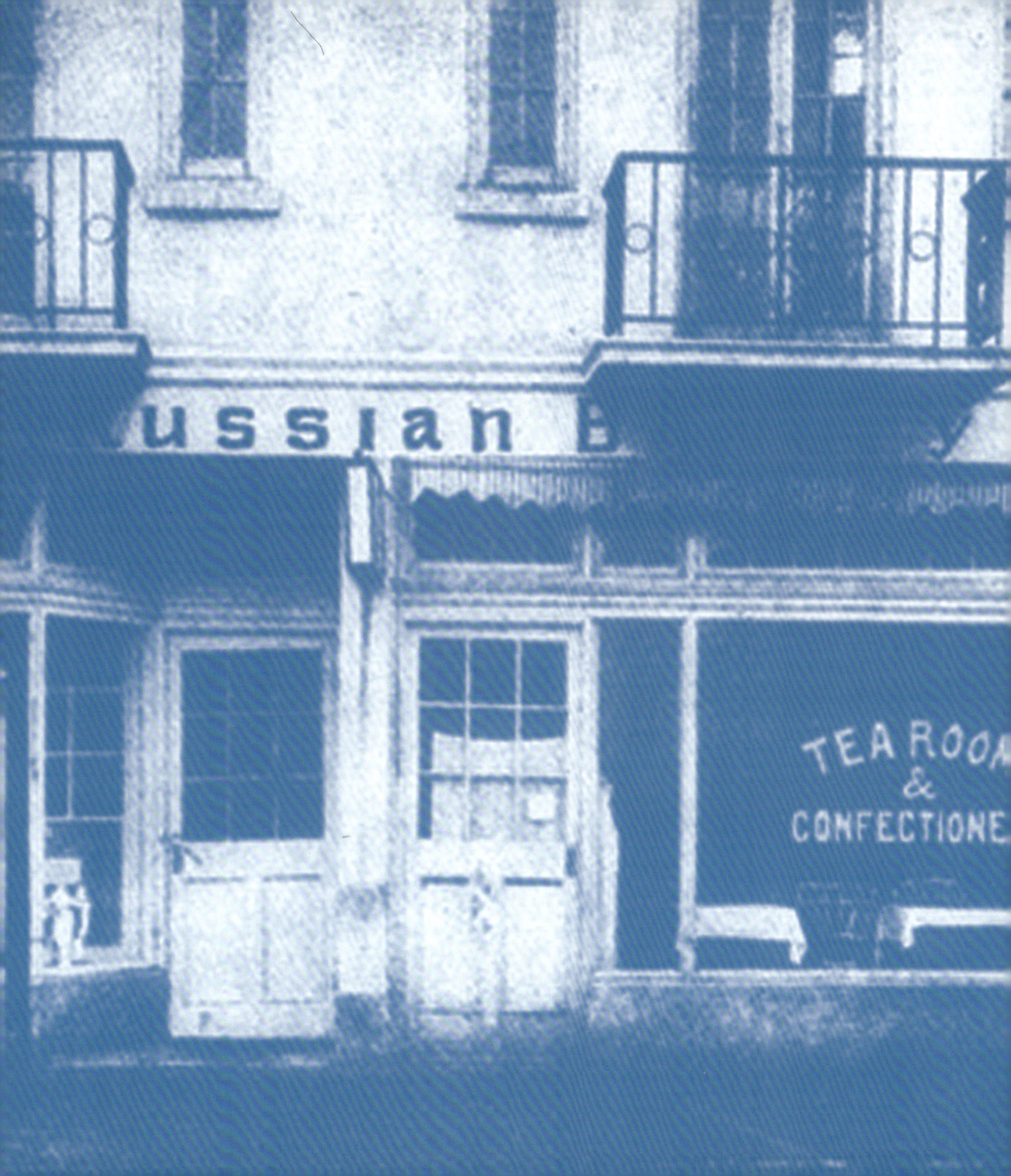
ussian B
TEA ROOM
&
CONFECTIONE

时代境迁

　　淮海路，从晚清、民国到现在，经历百余年，曾饱尝忧患，也阅尽沧桑。正是因为有了这种人文历史底蕴的支撑，她才韵味十足，前进的脚步从容有力，透出勃勃生机。

1900–1990　从霞飞路到淮海路

　　百余年来,历史从来没有轻视过淮海路。别墅洋楼、历史建筑留下的都是那个年代的奢华记忆。淮海路经历了形成与发展、劫难与挣扎、调整与重组、改造与再造的辉煌历程,在曲折的发展中形成了独特的风格,成为海派商业文化的一朵奇葩。

　　1900–1910年清朝末年,宝昌路发展渐快,东端出现了一些小型的洋货洋酒店:泰昌洋行、恒来和记绸布庄、永亮药号、乾泰兴茶叶号等。

　　1915年6月21日宝昌路更名霞飞路,以法国名将霞飞命名。

　　20世纪20年代,随着大批俄侨定居上海法租界,霞飞路中段俄侨社区逐渐形成,开始出现大批俄侨商店。同时期,霞飞路上华商崛起。在与以俄侨为主的外商竞争中,山东籍商人以通晓俄语、谙悉俄侨生活习性的优势,成为霞飞路商战中的成功者,当时新设的八家华资百货店,店主全是山东籍商人。如福利面包公司(后改名哈尔滨食品厂)和东华哈尔滨俄菜馆、兰村西菜社等。

1/2
　3/4

1/ 洋人最先开设在霞飞路上的综合大药房
2/ 俄侨开设在霞飞路的照相图片店
3/ 俄国侨民开设在霞飞路的咖啡店
4/ 福利面包公司

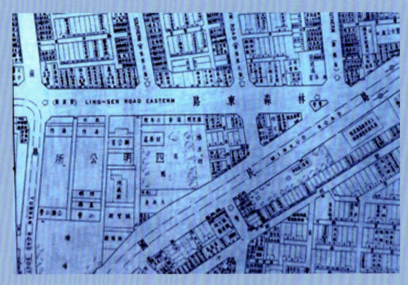

林森东路旧地图

1937 年，"八·一三" 事变，大批受战争影响的商店也迁入霞飞路。1941 年 12 月，太平洋战争爆发，英美侨民开设的商店率先歇业或者出盘，部分俄侨商店也相继关闭。华侨经营的珠宝、绸布、时装各业虽有所发展，但因侵华日军实行 "以战养战"，强征抢购，霞飞路已不复旧时繁华，笼罩着浓重的阴影。

1943 年 10 月，霞飞路更名为泰山路。

1944 年春起，华懋公寓成了日军登陆部队的司令部，桂林路（今茂名南路）至象山路（今瑞金一路）段北侧为日军占领区，设施豪华的国泰大戏院放映厅成了日军马厩。

1945 年 8 月 15 日，日本无条件投降。抗战的胜利给这条商业街注入了活力，商家明显增加。

1945 年 10 月，泰山路更名为林森路。并将原宁波路、泰山路、庐山路统合更名，分称林森东路、林森中路和林森西路。

1949 年上海市民迎接解放军入城

　　1949 年 5 月 27 日，上海解放。

　　1949 年 10 月 1 日，中华人民共和国成立，上海的发展进入了新的历史时期。

　　1949 年之前，由于有中国共产党地下组织领导的商业保卫战，林森中路商业街在上海解放的过程中顺利地回到了人民的怀抱。

　　1950 年 5 月 25 日，上海市人民政府为纪念具有重大历史意义的淮海战役，将林森路改名为淮海路。

1/2   1/ 国营上海市贸易信托公司旧货商店
2/ 当年"淮国旧"的商场很大，有1000多平方米，前
门是淮海中路，后门是长乐路

　　曾经大名鼎鼎的"淮国旧"最初的名字为"国营上海市贸易信托公司旧货商店"，开办
于1949年，是当时主持全上海商业活动的一个专门机构，后来更名为"淮海贸易信托商场"，
上海人习惯称之为"淮国旧"，也是接管旧政府遗留资产的机构。解放初期的上海，百业凋敝，
税收无着，人民政府把接管旧政权遗留下的资产，通过"淮国旧"变卖，作为其中的一个
资金来源用以发展经济，因此，"淮国旧"曾担负为新上海建设筹措资金的特殊历史使命。

　　1954年开业时，出售的商品主要是从旧政权手里接管下来的各类物资和各式查抄罚没
物品。

　　1956年开辟了收购寄售业务，这里除了不卖吃的以外，几乎什么商品都可以找得到，
旧衣裳、旧钟表、长衫、皮袍子、皮大衣，还有象牙筷子、劳力士表、搪瓷面盆等，当然
还有古董。

1950 年下半年起，淮海路获得恢复与发展。

1951 年，淮海路自陕西南路到西藏路段有商家 620 户，国营中国百货公司上海市公司第二门市部、卢湾区消费合作社第一门市部相继成立。

1956 年 2 月 6 日，全国最早上海最大的妇女用品专业商店在淮海路上开业。

同年，市政府对全路网点进行大规模调整，保留与发展了一些商店的经营特色，如高桥食品厂的海派风味松饼、哈尔滨的蛋糕、老大昌的西点、红房子的法式西菜，等等。

1

2/3

1/ 红房子西菜馆

2/ 老大昌酒楼

3/ 高桥食品厂

1978年，中国共产党十一届三中全会拉开了改革开放的序幕。淮海路活力再现，一批老字号纷纷恢复了传统特色，涌现了一批改革开放中的"第一"：上海第一家电脑商店、第一家美容美发厅、第一家大众快餐店、第一次时装发布会等。

20世纪80年代中叶起，淮海路上的商业发展开始了规模化经营，并在经营内容、经营方式上发生了重大改变。淮海路上先后建成了富丽华大酒家、雪豹商城、新歌商厦、光明邨大酒家等所在的多功能商业楼宇，开设了上海最早的灯光夜市，此后，淮海路的夜景不断升级，渐渐彰显出国际大都市商业中心街区的形象。

1/2
3/4

1/ 20世纪80年代，淮海中路上开设的首家快餐店
2/ 20世纪90年代淮海路上的节日之灯
3/ 上海哈尔滨食品厂
4/ 光明邨大酒家

1/ 清晨居民倒马桶

2/ 上海弄堂里，一间十几平方米的屋子可能住着几代人

3/ 20 世纪七八十年代家门口的自制乒乓球台

淮海路发展过程中，一方面是商业快速发展，另一方面却是附近老弄堂里许多居民的生活条件不能尽如人意。

　　20 世纪 80 年代，全国 300 多个百万以上人口城市住房调查显示，人均居住面积，上海位列倒数第二。屋龄超过 50 年的砖木结构里弄房屋占总量的 40%，却住着 60% 的居民。

1985 年 5 月，淮海金融大楼的动工兴建拉开了淮海路街坊改造的序幕，同时也开启了上海改善居民居住条件的探索之路。

　　有数据显示，从 1979 年到 1990 年，上海共投资 132.4 亿元，建成住宅 4368 万平方米，占全市 1949 年后新建住宅总量的 71%，有 80 万户约 270 万人搬进了新的住宅，这一举措赢得老百姓的普遍欢迎和高度赞扬。

1990-2000　飞速发展的淮海路

　　从1990年开始，淮海路进行"形态"大改造，随着地铁掘进、管线重排和路面改铺，淮海路两边的很多老住宅也开始大动迁、大改造。整个建设过程中，党和政府、动迁工作者、动迁居民共同努力探索出了一条改善居民住宅条件的创新之路，使得淮海路的发展驶入了快车道，为淮海路今日繁荣作出了不可磨灭的贡献。

　　1992年1月，卢湾区"斜三"地块成为上海市第一块毛地批租的开发外销商品房项目，开了改革开放以来吸引外资进行旧区改造的先河。同年淮海路全线封路，上海地铁一号线的陕西南路、黄陂南路、常熟路三个地铁站地面施工启动，淮海中路商业街改造同步进行。

1
2/3

1/ 1992年的打浦桥斜三基地
2/ "斜三"地块华丽转身
3/ 轨道交通一号线通车庆典

1993 年 6 月，国际购物中心、上海华亭·伊势丹有限公司、上海市第一百货公司淮海店开业。

1994 年 2 月 4 日，位于淮海路的益民百货股份有限公司股票上市，成为全市第一家上市的区属企业股票。

20 世纪 90 年代初期，柳林大厦、香港广场、上海广场、中环广场、瑞安广场等相继落成，商业用房面积扩至 23 万平方米，形成了多功能、现代化、综合性的商业区。

CROCODILE(鳄 鱼)、BOSSINI(汉 狮 龙)、ESPRIT、GIORDANO(佐 丹 奴)、U2、G2000、THEME、U·RIGHT、LEVI'S、APPLESHOP、JESSICA、MICHELRENE(马狮龙)、GOLDLION(金利来)、PLAYBOY 等著名品牌，都在上海有了专卖店或专卖柜台。

1996 年，两侧人行道改铺彩色混凝土板，重庆路路口建造了上海第一座拥有三道自动扶梯升降的人行天桥，主桥体单跨 55 米。

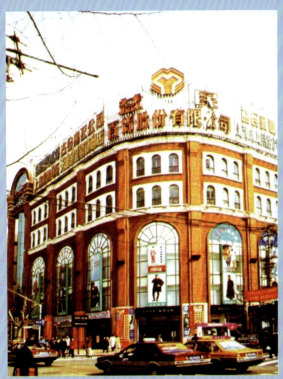

1/2　　1/ 20 世纪 90 年代末益民百货商店外景
2/ 上海第一座拥有三道自动扶梯升降的人行天桥

1998 年，卢湾区规划局牵头制定了《淮海中路商店店面建筑管理规定》，在对尚贤坊等 314 幢建筑外墙进行清污修饰的同时，对陕西路以东沿街商店店面招牌和广告牌进行了规范与清理。1999 年 1 月 15 日，沿街违章建筑全部拆除。2000 年 7 月，高架路以东段的架空线全部入地。

1/2　　　　1/ 尚贤坊鸟瞰图
　　　　　2/ 尚贤坊获授上海市文物保护单位铭牌

1999 年初，新天地项目正式动工，总投资 1.5 亿美元。

太平桥地区激活规划由香港瑞安集团与上海复兴建设发展有限公司合资实施，先行激活的范围北起太仓路，南至自忠路，西起马当路，东至黄陂南路，总占地约 3 万平方米。最终实现了石库门建筑改造的新理念——即改变原先的居住功能，赋予它新的商业价值，把历经百年风雨的石库门城市旧区，改造成一个"新天地"。

1999 年底，保护改造"思南公馆"项目启动。

由于历史原因，思南路风貌建筑此前成为密度极大的居民区。该地区居住密度从 1944 年的每幢 2 户发展为 20 世纪末的平均每幢 14 户，甚至有的高达 17 户，违章搭建严重，居住功能和建筑本身遭受破坏。

1999 年，思南路项目被上海市规划部门列入中心城区历史义化风貌保护区。

2000-2010　名品汇聚的淮海路

淮海路东段形态的改造基本完成。淮海路迎来第二轮的大改造，业态得到进一步的优化与提升。

2001年，随着国家层面的动迁政策出台，动拆迁政策根据实际情况发生了改变，由原来的"数人头"（即：按照每户里面有多少户口来分配动迁费，人越多钱也越多），变为"数砖头"（即：按原居住面积折算现金或者用折算的现金购买为动迁居民安排的动迁房）。上海因地制宜，采用"数砖头"与"数人头"兼顾的动迁政策，动迁工作得以顺利推进。

2002年，上海瑞金医院为建造现代化门诊大楼，决定动迁一座居住着61户教授级专家的"专家楼"。承接动拆迁任务的上海安佳房地产动拆迁有限公司首次提出了"阳光动迁"理念，并探索了"公开、公平、公正"的阳光动拆迁的新路径。

动迁方案是在政策范围内，由大家共同参与制定。签协议的61户人家全部按照公开的方案进行安置，无任何暗箱操作。

 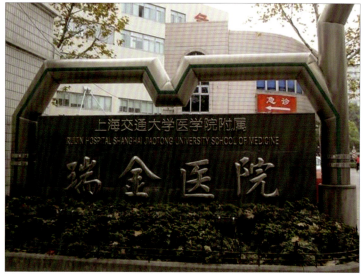

1/2　　1/ 正在拆迁的动迁基地
　　　　2/ 瑞金医院

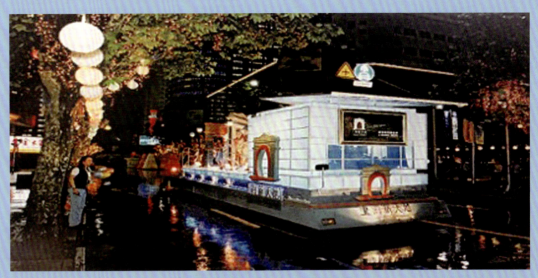

2002 年上海旅游节在淮海中路开幕

2002 年 9 月 14 日，2002 年上海旅游节在淮海中路开幕，举行盛大彩车巡游。

上海旅游节创办于 1990 年，活动从每年九月的一个周六开始，历时 20 余天，涵盖了观光、休闲、娱乐、文体、会展、美食、购物等几个大类近 40 多个项目，每年吸引游客超 800 万人次。截至 2018 年，每年的上海旅游节开幕仪式都在淮海路上举行。

2002 年，第一届上海法国周在淮海路雁荡路隆重举行。此后每年在淮海路雁荡路都会举办上海法国周活动。

模特在上海国际服装文化节开幕式上走秀

2003 年 3 月 8 日，上海国际服装文化节在上海新天地开幕。

2004 年，上海在全市范围内正式提出并实施"公开、公平、公正"的"阳光动迁"政策。

　　第一个"阳光动迁"地块就是马当路 388 号地块（卢湾区 43 街坊）建设商品住宅项目。2006 年，该地块的动迁方案有所调整，完善后的方案坚持动迁补偿前后一致的理念，对之前先走的 200 户居民按照新的方案，补上了动迁安置款，这是上海第一个"先走的动迁居民拿到额外补偿"的地块。

　　有了卢湾区 43 街坊公开、公平、公正"阳光动迁"的新理念，在实施卢湾世博动迁时，对公开、公平、公正的动迁模式进行了进一步深化，引导动迁居民"先走先安逸"，丰富了阳光动迁的内涵，拓展了阳光动迁的外延。

SOHO 复兴广场卢湾区 43 街坊居民签约现场

浦江镇世博家园—卢湾世博动迁居民乔迁之喜

卢湾世博园区动迁居民乔迁之喜

　　2005年，上海房屋动迁工作第一次开展党建联建活动。上海安佳房地产动拆迁有限公司党总支首创党建联建机制，开展系列党建联建活动。在卢湾区世博动迁基地征收过程中，公司党总支和五里桥街道铁一居民区党总支联系，进行党建联建，充分发挥党总支在居民中的影响力、亲和力，顺利保障了"阳光征收"的推进。世博动迁基地788户居民在半年内完成动迁。

　　2009年，卢湾区第45街坊建国东路390号地块土地储备项目实施。建国东路390号基地是探索、推行"征询制、数砖头＋套型保底"新机制的试点项目，首次提出"动迁方案由居民参与制定，动迁过程由居民群众全程监督"的新理念，国务院以该地块方案为雏形，颁布了第590号令《国有土地上房屋征收与补偿条例》。

　　安佳动拆迁公司青年理论小组研发了动迁电子签约系统、动迁信息和安置结果公示系统（触摸屏），获得国家三项专利证书。

安佳动拆迁公司研发的动迁电子
签约系统获国家三项专利证书

2010 年 4 月,Coach 中国内地的第一家全球旗舰店于淮海中路 282 号香港广场一层开业。
同年 9 月，上海第三家苹果旗舰店于淮海中路 282 号香港广场一层开业。

　　2010 年 11 月 5 日，卢湾区召开以"精彩世博会，魅力淮海路——百年商业街的创新与发展"为主题的淮海路商业街 110 周年国际商业高峰论坛。

2010-2018　面向未来的淮海路

在上海世博会举办之前，淮海路已拥有一批最具世界影响力的全球品牌旗舰店，基本形成了世界级商业街区的雏形。淮海路对原卢湾区整个经济的贡献占比达到 60％－70%，是全区经济社会发展的生命线，为以后向更有影响力的国际商业街区的发展奠定了很好的基础。

随着 K11 和 IAPM 等新型业态的引入，淮海路将艺术欣赏、人文体验、自然环保完美结合，融合艺术、人文、自然三大核心元素，更多在"神态"上下功夫，着力打造文化淮海路。同时注重生态保护，让淮海路的发展有根可循，有故事可讲。

站在改革开放 40 周年的起点上，面向未来，淮海路重新出发，将继续围绕形态、业态、神态、生态促"四态联动"发展，鼓励模式创新、业态创新、技术创新、服务创新，在新时代把淮海路建设成引领时尚、引领消费、引领创新的集聚地。

◎ 2012 年上海地区最大的运动品牌旗舰店，也叫做品牌中心。

Adidas 淮海中路店

◎ 2013 年 8 月 8 日，位于淮海中路 523 号的上海宝诚宝马（BMW）中心举办开业仪式。

◎ 2014 年 5 月 22 日，阔别淮海路 12 年的老字号西点品牌"老大昌"，在淮海中路成都南路路口试营业。

◎ 2014 年 9 月，具有 160 年历史的法国品牌爱马仕于淮海中路、嵩山路交界处的 217 号开业，这座"爱马仕之家"集商品零售、时尚发布、艺术展示于一体。

Under Armour 淮海中路店

◎ 2014 年 10 月，崭新的「上下」之家于淮海中路 233 号开幕了。「上下」，是一个来源于中国文化的当代雅致生活艺术品牌，致力于传承中国的生活美学和精湛的手工艺，通过创新，使其重返当代生活。

◎ 2015 年 9 月，Under Armour 全亚洲最大的旗舰店于淮海中路 755 号一楼开业。

LINE FRIENDS 淮海中路 666 号开业

◎ 2016 年 11 月，首家以 CHOCO 为主题的 LINE FRIENDS 旗舰店于淮海中路 666 号开业。

维多利亚的秘密店铺

◎ 2017 年 2 月，"维多利亚的秘密"亚洲首家旗舰店在淮海中路 222 号（力宝广场）试营业。

上海首个"学雷锋"公益主题公园开园

"海上博观"城市文化讲坛

◎ 2013年6月28日，由中共黄浦区委宣传部、复旦大学管理学院、中国新天地共同发起的"海上博观"城市文化讲坛在上海新天地举行首讲。讲坛话题为"城市公共空间文化认知之旅"。

◎ 2018 年 6 月 8 日，第三届"表演艺术新天地"在上海新天地正式开幕。以"让艺术如影随形"为主题，"表演艺术新天地"通过更为创新、多元的形态，更强的观演互动关系，呈现给观众世界一流水准的艺术剧目。在为期 11 天的演出期间，15 部中外优秀剧目在上海新天地的各个区域接连上演，逾 200 场演出和衍生的活动使艺术节期间的每一天都充满惊喜。

2015年6月26日，上海市黄浦区委区政府召开"党建联建十周年，阳光动迁结硕果"座谈会。

市建设交通工作党委书记崔明华，市建委副主任倪蓉，区委书记翁祖亮，区委副书记、区长汤志平，区委副书记、统战部部长张浩亮，区委常委、组织部部长丁宝定出席座谈会，副区长胡广杰主持座谈会。

会前市、区领导参观了上海安佳房地产动拆迁有限公司党建联建十周年图片展以及《阳光之桥——党建联建十年回顾纪录片》。公司党总支书记于秀英在会上作了题为《坚持不懈开展党建联建活动，努力提升征收工作和党建工作水平》的交流发言，从"党建联建谋发展，有效推动旧区改造；党建联建促和谐，更好维护居民利益；党建联建送温暖，积极承担社会责任；党建联建强自建，充分显现堡垒作用"四个方面汇报了十年来的党建联建历程，得到了市、区领导等上级部门的高度肯定以及居民群众的好评。

2005年至2015年，10年中，在党建联建机制的带动下，黄浦区"阳光征收"取得了丰硕成果。

尚贤坊保护性改造地块

2014 年启动的 23 街坊、132 街坊北块第二轮签约首日即破 85% 生效，轨交 14 号线豫园站地块在短短 10 天内签约突破 85%。

2014 年 4 月 13 日，尚贤坊保护性改造项目地块启动动迁意愿征询，同意改造的居民有 304 证，居民同意率达 96.2%。同年 6 月 30 日，尚贤坊地块征收工作正式启动，至 8 月 15 日，短短 21 天时间，居民签约率达 85.76%。

2016 年 6 月底，尚贤坊保护性改造项目在 23 个月内圆满完成征收工作。

在"公开、公平、公正"新政策的环境下，充分听取居民意见，制定出符合当前房屋价值的征收安置补偿方案，让老百姓在透明公开的阳光政策中得到最大的保障。

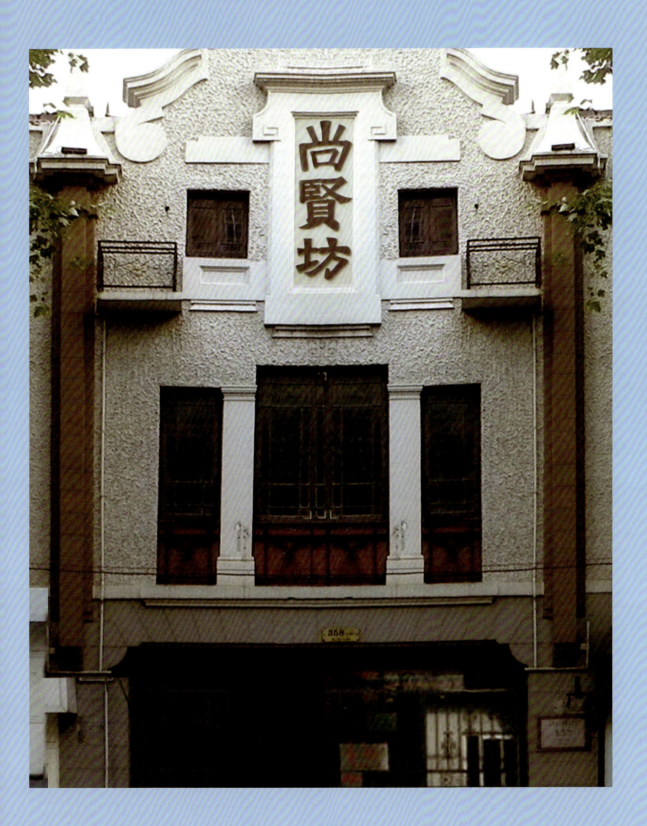

淮海路上的革命印迹

孙中山行馆

　　孙中山行馆地处淮海中路 650 弄 3 号，始建于 1911 年，原为法国人屠榭的产业。屋体坐北朝南，深灰色外墙配红砖镶边，前院左右两面都是碧绿的草坪，门墙围着竹篱笆，旁边还种了小梧桐树等植物。

　　这座洋馆亦被民间称为"宝昌路行馆"，是当年沪军都督陈其美为孙中山赴南京就职前安排的住所。

　　孙中山在南京就任临时大总统前，从 1911 年 12 月 25 日至 1912 年 1 月 1 日，共在行馆内住了七天。其间，他接见各省军政代表，召集同盟会最高干部会议，举行中外记者招待会，并在这里发表了《余对社会主义必竭力赞成之》《余实完全社会主义家也》等重要谈话。

1/2   1/ 民国时的孙中山行馆

2/ 2008 年的孙中山行馆

$\frac{1}{\frac{2}{3}}$

1/ 孙中山故居纪念馆
2/ 故居楼下是客厅和餐厅，楼上是书房、卧室和小客厅。楼前是一片草坪，围绕着冬青、香樟和玉兰等树木花卉
3/ 馆内设有影视室

香山路孙中山故居

　　孙中山故居是孙中山和宋庆龄的住所，是一幢欧洲乡村式小洋房，由当时旅居加拿大的华侨集资买下赠送给孙中山的。孙中山和夫人宋庆龄于 1918 年入住于此，1925 年 3 月孙中山逝世后，宋庆龄继续在此居住至 1937 年。

　　抗日战争全面爆发后，宋庆龄移居香港、重庆。1945 年底，宋庆龄回到上海将此居所移赠给国民政府，作为孙中山的永久纪念地。整个纪念馆由一幢欧式洋房改建而成，共有三层、八个展区，展览面积七百多平方米，共展出文物、手迹、资料三百余件。

　　1961 年 3 月，上海孙中山故居被国务院列为首批全国重点文物保护单位，1988 年 3 月正式对外开放，1994 年被列为上海市爱国主义教育基地，2017 年 12 月，入选第二批中国 20 世纪建筑遗产。

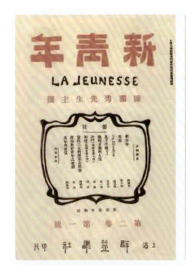

1/2
3/4

1/《青年杂志》《新青年》

2/《新青年》编辑部旧址

3/ 环龙路老渔阳里 2 号（今南昌路 100 弄 2 号），1920 年 8 月中国共产党上海发起组在此成立，此处是陈独秀寓所，也是《新青年》编辑部旧址

4/ 最早酝酿在中国建立共产党的是陈独秀和李大钊。1920 年 2 月，为避免北洋军阀政府的迫害，陈独秀从北京秘密迁移上海。李大钊在护送陈独秀离京途中，和他酝酿成立共产党组织

南昌路：老渔阳里

南昌路 100 弄 2 号，原为环龙路渔阳里 2 号，与淮海中路相通，曾是 1920 年《新青年》编辑部所在地和陈独秀的寓所。

1915 年 9 月，陈独秀在上海创办《青年杂志》月刊，自第二期起改名《新青年》，该杂志发起新文化运动，宣传倡导科学、民主和新文学，是当时国内最有影响的刊物。

这座石库门老房子，如今是居民住宅，旁边的墙上有一块铜牌，上书"上海市文物保护单位《新青年》编辑部旧址"字样。

五四前后全国出现的部分有较大影响的报刊
Some of the newspapers and magazines which were more influential in China before and after the May 4th Movement.

1927年夏明翰与妻子郑家钧在武汉的合影。
This is a picture of Xia Minghan and his wife Zheng Jiajun taken in Wuhan in 1927.

1/2/3
4/5
6

1/ 俞秀松 1920 年 4 月在信中表示"去进工厂，改名换服"，深入了解社会，参加上海的实际革命活动

2/ 1921 年 3 月，万国青年共产党（青年共产国际）写给上海社会主义青年团的信赞扬"上海的青年团是中国青年团中最好的一个"

3/ 团的"一大"代表签到簿

4/ 从"渔阳里"走出的青年

5/ 五四前后全国出现的部分有较大影响的报刊

6/ 谱写战歌、激励后人的革命志士——夏明翰

新渔阳里

上海市淮海中路 567 弄（新渔阳里）6 号是中国社会主义青年团的诞生地。

1920 年七八月间，中国共产党早期组织在上海着手建团，由俞秀松、施存统等为发起人，于 1920 年 8 月 22 日创建了上海社会主义青年团，团的机关就设在新渔阳里 6 号。1921 年 11 月，团的临时章程规定："在正式团的中央机关未组成时，以上海团的机关代理中央职权。"此后，团的临时中央对各地建团起了发动和指导的核心作用，至 1922 年 5 月，全国已有 17 个地方建团，为中国社会主义青年团第一次全国代表大会的召开作了充分的准备。

中共一大会址

中国共产党第一次全国代表大会会址

中国共产党第一次全国代表大会会址，简称中共一大会址，是中国共产党的诞生地。

会址房屋望志路 106 号、108 号始建于 1920 年秋。建成后不久，李汉俊（上海共产党早期组织小组发起人之一）及其兄李书城（同盟会发起人之一）租用为寓所，将两幢房屋的内墙打通，成为一家，人称"李公馆"。

1921 年 7 月 23 日，来自全国各地的中国共产党早期组织的代表李达、李汉俊、张国焘、刘仁静、毛泽东、何叔衡、董必武、陈潭秋、王尽美、邓恩铭、陈公博、周佛海，还有陈独秀指派的代表包惠僧及共产国际代表马林等秘密会聚在这里举行了中国共产党第一次全国代表大会。

1922 年，李氏兄弟迁居退租，"一大"会址建筑被居民改建，增建了厢房，为其他居民租用。1924 年楼下开设商店，房屋面目全非。

新中国成立后，为迎接建党 30 周年，1950 年 9 月，中共上海市委根据中央的指示，寻找中共一大会址。经多方勘查，李达、董必武、包惠僧和李书城夫人等多位历史当事人、见证人现场踏勘，确认兴业路 76 号为中共一大会址。中共一大会址在 1952 年后成为纪念馆。

淮海坊：《鲁迅全集》第一版编辑处

淮海坊，今淮海中路 927 弄，曾称霞飞坊，建于 1924 年。

1936 年 10 月，文学巨匠鲁迅先生在上海逝世。同年 11 月，其妻许广平携子周海婴由大陆新村迁居霞飞路（今淮海路）霞飞坊 64 号。许广平母子住在二楼，三楼是收藏鲁迅藏书、遗物的地方。为了防备搜查，鲁迅手稿则藏在厨房墙角的煤堆里。

鲁迅作为中国左翼文化旗手，他的文稿具有强烈的战斗性和重要的出版价值，当时的中国也迫切需要这样的精神食粮来唤起民众，坚持抗战。许广平决心完成鲁迅生前已有的汇集、整理和出版所有文章的遗愿。宋庆龄、蔡元培牵头成立鲁迅先生纪念委员会，成员有沈钧儒、茅盾、周建人等，其主要任务之一就是要促成《鲁迅全集》的编辑出版。

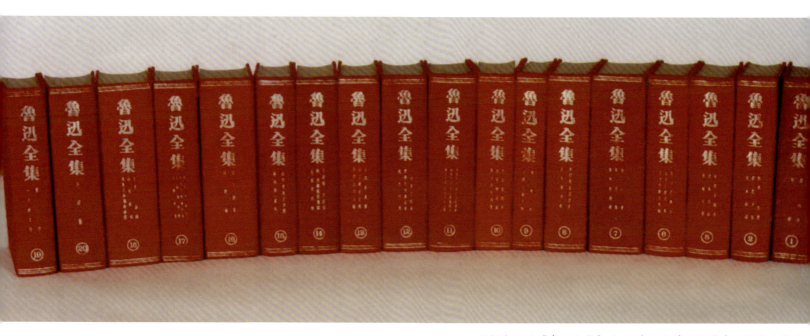

编辑出版的《鲁迅全集》共 20 卷，由蔡元培作序，许广平题跋

1

2/3

1/ 许广平旧居 (淮海坊 64 号) 于 2003 年被列为文物保护建筑

2/ 1938 年出版的《鲁迅全集》样本

3/ 许广平在霞飞坊整理鲁迅日记

上海邹韬奋纪念馆

邹韬奋（1895.11.5-1944.7.24），原名恩润，乳名荫书，曾用名李晋卿。近代中国著名记者、政治家和出版家，杰出的爱国进步人士，江西余江县演溪乡沙塘村人。1922 年在黄炎培等创办的中华职业教育社任编辑部主任，从事教育和编辑工作。1926 年接任《生活周刊》主编，以犀利之笔，力主正义舆论，抨击黑暗势力。

"九·一八"事变后，邹韬奋在上海全身心投入抗日救亡运动。1936 年 11 月 22 日，国民党为扑灭国内的抗日烈火，逮捕了正在领导抗日救亡运动的救国会领导人沈钧儒、邹韬奋等七人，酿成"七君子"事件，遭到全国人民，包括宋庆龄、何香凝等著名社会人士的强烈反对。在全国人民坚决斗争下，国民党政府被迫于 7 月 31 日释放了"七君子"。

邹韬奋出狱后辗转重庆、汉口、香港继续开展爱国救亡工作。1943 年因患脑癌秘密返沪就医，第二年不幸逝世于上海医院（今上海市第二人民医院），享年 48 岁。

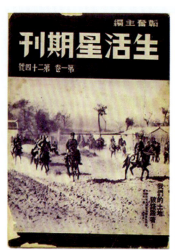

1/2

1/ 1931 年，"九·一八"事变后，邹韬奋以笔代枪，以《生活周刊》作为投身"抗日救国"的阵地，成为当时广大爱国主义者的代言人和中国革命文化事业的先锋

2/ 邹韬奋主持的中华职业教育社机关刊物《生活》周刊

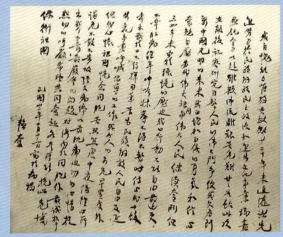

3/4
5/6

3/ 邹韬奋纪念馆

4/1937年，刚出狱的全国各界救国会"七君子"及友人在爱国老人马相伯家中相聚。
自右向左：李公朴、王造时、马相伯、沈钧儒、邹韬奋、史良、章乃器、沙千里、杜
重远

5/1955年出版的《韬奋文集》，收集了他的主要著作。著有《萍踪寄语》《萍踪忆语》《经
历》《抗战以来》《患难余生记》等

6/ 邹韬奋《对国事的呼吁》手迹

上海周公馆

上海周公馆，即中国共产党代表团驻沪办事处旧址，位于思南路73号、71号，设立于1946年6月，是抗战胜利后国共谈判时期中国共产党代表团在上海设立的办事机构。

1946年5月，根据"双十"协定，周恩来率领中共代表团前往南京与国民党进行谈判。6月，代表团决定在沪设立办事处，为此租下该幢房屋，但国民党当局不允许挂"中共代表团驻沪办事处"的牌子。6月18日，从南京来沪的董必武果断决定："不让设办事处，就称'周公馆'。"至今，门口挂的中英文门牌写着"周公馆，Residence of General—Chou Enlai"。

1946年至1947年国共谈判期间，周恩来、董必武在这里工作、生活。他们在这里领导中国共产党代表团，开展了一系列艰苦卓绝的工作，扩大了中国共产党的影响，赢得了各阶层的同情和支持，有力地配合了解放区的斗争。

1959年5月26日，报请中共中央批准同意由上海市人民委员会公布为市级文物保护单位。1979年2月，经中共上海市委报请中共中央批准同意，修复旧址，恢复原貌，建立纪念馆。

商业变迁

　　经过改革开放 40 年的发展，如今的淮海路已经成为上海最为高端的多功能商圈。高楼大厦，见证了上海的日新月异；名品汇集，书写着上海的商业传奇。

柳林大厦

　　柳林大厦位于淮海中路1号，为淮海路之龙头，毗邻南京东路、人民广场。

　　1979年，八仙桥周围出现众多小商品流动摊点。1980年10月，为发挥闹市区的商业中心作用，卢湾区工商行政管理局决定在柳林路上开设市场，引导个体商贩进场经营。

　　柳林市场几经扩建后，交易兴旺，成为全国颇有名的服装市场。到1985年，已发展成为上海市第一个具有活动摊房设施的专业服装市场。1989-1990年，柳林市场的营业额和上缴税收连续名列全市服装市场首位。

　　1990年，上海市人民政府批准在柳林路服装市场建造高29层的柳林大厦，1995年完工。

　　如今的柳林大厦，已经成为设施齐全，集商场、餐饮、娱乐、办公于一体的现代化综合性大型商业广场。

柳林市场盛

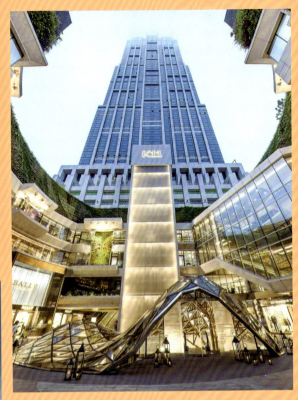

K11 购物艺术中心

中国内地首个 K11 购物艺术中心坐落于淮海中路 300 号,前身为上海香港新世界大厦。

早在上海香港新世界大厦开业之前,此地块就已开着淮海鞋帽、舒美时装、人民照相、蝶来照相等门店。

2002 年,K11 前身上海香港新世界大厦竣工开业,以超过 260 米的总高度位居淮海路高层建筑之首。大厦外墙装设了当时上海唯一的电脑监控变色灯光系统,成为上海的标志性建筑。

2013 年 6 月,上海香港新世界大厦改造升级为 K11 购物艺术中心。该中心新颖的沉浸式艺术体验购物模式颠覆行业旧业态。内部 3000 平方米的艺术交流、互动及展示空间,定期举行免费的艺术展览、艺术工作坊、艺术家沙龙等活动,构建起艺术与大众互动的桥梁。

1/ 位于淮海中路的高 265.5 米 54 层的上海香港新世界大厦封顶

2/ 上海香港新世界大厦的原址是上海人民照相馆

香港广场

　　香港广场位于淮海中路283号南座、282号北座。香港广场建造前的原址建有传统石库门房子，砖木结构民宅，部分楼下是店面，楼上是居民住房。

　　南座原址有金波服装、大东食品、东风百货、益大服装、上海齿科材料、华艺服装、东方家电等门店。北座原址有开益百货、伟明烟杂、益大服装、卢湾牙防所、联华针织服装等门店。

　　1997年，香港丽新发展集团投资开发此地块建成香港广场。它以两座外形新颖突出的双子式玻璃帷幕综合大楼为建筑主体，以空中走廊作为连接通道，汇集办公楼、酒店服务式公寓、高级会所及购物商场于一身。

1/2/3
4/5-6

1/ 香港广场原址建有传统石库门房子
2/ 香港广场原址的益大服装商店
3/ 香港广场一侧的赛博数码广场以现代科技立足老商业街
4/1997年，淮海中路上的香港广场
5-6/2010年9月，苹果上海香港广场店开业当天，三百多人通宵排队等在门口

1930 年 1 月开幕的黄金大戏院是兰生大厦的前身

兰生大厦

兰生大厦，位于淮海中路 2-8 号，是淮海中路 CBD 地标性建筑。楼内入驻有当纳利、四达和理光等多家中外知名企业。上海市中心唯一的公用型保税仓库——上海东浩兰生公用型保税仓库也坐落于此。

兰生大厦的前身曾是黄金大戏院。1933 年 9 月，为纪念"九·一八"事变两周年，上海戏剧界进步人士在黄金大戏院上演了九幕话剧《怒吼吧，中国》。1947 年 7 月中旬，越剧界著名演员袁雪芬、筱丹桂等"越剧十姐妹"，为筹募基金创建越剧学校，在黄金大戏院联合公演了《山河恋》。

兰生大厦可以说是 20 世纪 90 年代的一座标志性建筑，它显眼易找，是情侣、朋友、同学碰头的"老地方"。那时候，在兰生大厦里看场电影，在大世界里照过哈哈镜曾是一件非常时髦的事情。

瑞安广场

　　瑞安广场位于黄浦区淮海中路 333 号，耸立于淮海中路、黄陂南路路口。出门便是地铁一号线黄陂南路站，步行 10 分钟可达 8 号线大世界站。1996 年落成，总投资 12 亿元，由香港瑞安集团投资开发，1997 年初落成启用。

　　2017 年，瑞安广场宣布进行改造，瑞安将对裙楼进行结构改造，通过大露台及与周边交流的创意空间，让其成为城中全新的创意体验与时尚之地，成为新天地在北部的延续。

　　瑞安广场曾先后获颁上海市建筑质量的最高荣誉"白玉兰奖"及全国建筑设计质量和管理的最高荣誉"鲁班奖"。

1
2

1/ 瑞安广场的前身是建于 1913 年的宝康里
2/ 1991 年宝康里上海西服厂门市部弄堂口

金钟广场塔楼内的"金钟"

金钟广场

金钟广场位于淮海中路98号，其原址是"金中点心店"及八仙酒楼、丽达服装、卢湾商业服务经营部、侨友内衣、上海染料工业公司、新艺绣艺等门店，1999年建成金钟大厦。

金钟大厦是一座甲级智能化商业商务大厦，共45层，总高208米，是淮海路最高的大楼。视野开阔，景观极佳，可以俯瞰人民广场绿地。楼宇内入驻普利司通、柯尼卡美能达和上实集团等多家中外著名企业。

金钟广场的顶端，设有"金钟"塔楼，挂有全世界最高的青铜大钟，有金顶普照的恢宏场面，能极目远眺上海的万千气象，是观赏浦东和浦西新风貌的景观制高点。

大上海时代广场

　　大上海时代广场,位于淮海中路9号,原址为嵩山电影院。总投资13亿元,2000年建造,由香港九龙仓中国有限公司投资开发。

1/ 1956年为嵩山电影院,"文革"时易名为红光新闻科技电影院,是上海旅游节多年来的主会场
2/ 大上海时代广场原址1994年风貌

力宝广场原址

力宝广场

　　力宝广场位于淮海中路222号。原址有协丰家具、风雷服装、三勤贸易等商店。1999年竣工建成力宝广场。

　　力宝广场是上海最完善方便的商业心脏地，多个酒店公寓、购物中心及中西餐厅都毗连相依。力宝广场特设两个写字楼专用入口，面向繁华的淮海中路及金陵路，出入便捷，凸显中心地位。3层高的华丽入口大堂，采用高级进口云石拼砌出独特的设计，气势超凡。另外，地下停车库设有191个车位，供商户使用。

上海广场

上海广场位于淮海中路138号，由上海永菱房产发展有限公司投资开发。原址有国泰药房、淮海钟表眼镜、红都服装等门店。

上海广场所属地段拥有百年历史，见证了上海历史变迁，无数风云人物在这里留下了故事。

1998年，上海广场正式竣工开业，主办公楼总高200米，连接一座6层的商场，内设大型商场、百货公司，餐饮娱乐等，集办公、商贸、零售、食肆于一体，是淮海路沿线聚会、购物的时尚地标。

中国爱马仕之家

　　法国顶级手工艺品牌爱马仕于 2014 年 9 月 12 日在淮海中路正式迎来其在中国的首个"爱马仕之家"，来自中国和世界各地的人们都可以在这里看到该品牌最新的系列和精致优雅的产品。

　　上海爱马仕之家位于淮海中路与嵩山路交汇处、门牌号为"淮海中路 217 号"的一幢 20 世纪初的四层历史建筑内。

　　红砖水泥外墙和露台窗户，可鸟瞰梧桐成荫的街道，这样的建筑如今在上海已难觅踪迹。除了地理位置和历史内涵之外，爱马仕选择这里的很大原因在于它的"H"形双朝向——这也是爱马仕的标志之一。长达 6 年的翻修和设计工程由 RDAI 建筑设计事务所在 Denis Montel 的艺术指导下进行，不仅对地基进行了结构改造，还拆除了多年来增建的部分，最终将建筑物恢复至接近原貌。

该建筑最早为法租界霞飞路巡捕房，后来成为上海市警察局，1960 年又成为东风中学校址

嵩山路消防中队

　　淮海路上有一座颜色十分亮眼的消防站,已有一百多年历史。它始建于清宣统三年(1911 年),设有消防瞭望台,瞭望台上安装报警钟。后更名为霞飞路消防站,1943 年后,改称嵩山路消防队并隶属伪市警察局消防处。新中国成立后更名为嵩山路消防中队并延用至今。2004 年被列为上海市第一批登记保护不可移动文物。

　　消防中队主建筑主楼为三层,西、南两侧为平顶的两层楼房。主楼靠南中央有1座瞭望台,有 8 层楼高,在当时能看到很远的地方。20 世纪 80 年代中期,因瞭望台建筑老化和电话普及而失去作用,遂与南小楼同时拆除,其余建筑仍保留原有风貌。现在的消防瞭望台主要用于演练。

淮海大厦

　　淮海大厦位于淮海中路 200 号，原址为美琪樟木箱（146 号）、美琪西服（148 号）、大上海西服（152 号）、久兴里（154 号）、振安旧货（156 号）、泰康西服（158 号）、裕发西服（160 号）、正大旧货（162 号）、德兴旧货（164-166 号）、利康发记旧货（168 号）、韩顺泰樟木箱（170 号）、光明电器（172 号）、永昌钟表（174 号）、富德里（176 号）、中美皮鞋（178 号）、万昌西服（180 号）、任陆坊（182 号）、瑞昌祥木器（184 号）、钱永发藤器（186 号）、大陆皮件（188 号）、永泰箱号（190 号）、联发旧货（192 号）、步飞皮鞋（194 号）、震泰皮件木箱（196 号）、厚德里（198 号）、振泰祥藤器（200 号）、艺通电器（202 号）等商号所在地。

　　淮海大厦西楼是淮海金融大厦，现代化甲级写字楼，位于淮海路商圈中心。现入驻单位 16 家，交通便利，地铁 1 号、8 号线交汇；南北高架、延安高架近在咫尺。淮海大厦东楼为居民居住。

SOHO 复兴广场

　　SOHO 复兴广场位于淮海中路 CBD 商圈，紧邻时尚地标新天地。项目总面积约为 14 万平方米，由一栋 27 层的办公楼和 4 座裙楼构成，集 5A 甲级办公和商业配套于一体，由德国 GMP 建筑事务所设计，建筑风格融汇传统与现代。该项目已于 2014 年交付，并已获得 LEED 金级认证，已入驻的知名企业包括金佰利中国、小红书等。

　　2015 年，SOHO 复兴广场建成开业，其别具一格的建筑风格，极具科技感与未来感，使之成为上海热门的摄影地。

1/ 百盛原址是启发西服，以"登、挺、顺、服"为特色，获得"中华老字号""市名特优商店"的称号

2/ 2010 年淮海路西段的百盛购物中心

淮海路百盛购物中心

淮海路百盛购物中心位于淮海中路 918 号，是百盛商业集团入驻上海的首家大型综合型百货店，共 9 个楼层，总营业面积 28000 平方米。开业以来，曾经多次创造了上海百货零售业的辉煌业绩。

百盛商业集团由马来西亚"钢铁大王"钟廷森于 1987 年创立，是亚太地区最大的百货集团之一。百盛于 1994 年进驻中国零售业市场，定位于中高档消费群体。1996 年，上海百盛购物中心在淮海路上开业。

龙凤基地

　　淮海中路 581 号天宝龙凤金银首饰店前身是创建于 1930 年的天昌首饰商店。改革开放后国内恢复黄金珠宝首饰零售业务，天昌更名龙凤。2003 年，"龙凤"与"天宝"两个老字号品牌联手、增资重组，成立上海天宝龙凤金银珠宝有限公司。

　　如今的天宝龙凤是国家商务部认定的"中华老字号"企业，也是集黄金、铂金、钻石与珠宝玉器零售、加工、批发为一体的综合性珠宝企业。

1985 年，天昌珠宝店更名为"龙凤金银珠宝商店"，重新恢复了金银首饰的经营

新天地

　　上海新天地坐落在市中心，淮海中路南侧（淮海中路333号）、黄陂南路和马当路之间，毗邻黄陂南路地铁站和南北、东西高架路的交汇点。

　　1997年，瑞安集团提出石库门建筑改造的新理念，改变居住功能，赋予新的商业功能，得到支持。

　　1999年初，新天地项目正式动工，总投资1.5亿美元。

　　2001年北里建成开业，2002年南里全面开业。南里建成了一座总楼面积达25000平方米的购物、娱乐、休闲中心，进驻了各有特色的商户。

　　北里以保留石库门旧建筑为主，南北里新旧对话，交相辉映。新天地中部的兴业路为中国共产党第一次全国代表大会会址所在街道，辟为步行街。

　　上海新天地已经成为一个具有国际知名度的聚会场所，并被纳入上海旅游景点清单中，还成为中国房地产区域改造的经典案例。

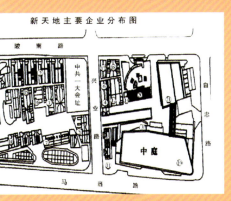

1/2/3

1/ 新天地以中共"一大"会址所在的兴业路为界，分为南里和北里两个部分
2/ 长久以来，以石库门为代表的太平桥地段是老城区的商业繁荣之地
3/ 顺昌路北段有小吃店，俗称美食街

1/2

1/ 鸟瞰上海新天地
2/ 新天地北里的石库门建筑

中环广场

中环广场位于淮海中路381号,卢湾区淮海路20号地块。总投资10.16亿元,1999年竣工。

中环广场的前身是法租界公董局,为当时法租界最高行政机构,建筑为仿文艺复兴时期风格,正门上有硕大的半圆顶,在二层与半圆顶间都装有自鸣钟,故又称"自鸣钟"大楼。

1909年,在此创立了法国公学。1943年7月底,原法租界公董局办公楼成为汪伪上海特别市第八区区公署。抗战胜利后,这里成为上海市政府社会局、教育局等机构的办公地。

1958年,知名的比乐中学迁入这里。1994年改建为中环广场。

中环广场集高档商场与优质甲级办公楼于一体,提供一流的办公、购物、休闲及餐饮体验,是淮海路经典风范与现代时尚交融的地标。

1/2

1/ 中环广场的前身是法租界公董局,成立于清同治元年(1862年)

2/ 建造中环广场时,保留或照原样恢复了旧楼的老虎窗、檐口、门楼、木结构屋顶等部位,主入口女儿墙仍采用仿石式样,从而使新建的中环广场和有近百年历史的老房子近于完美地融为一体,这里也因此成为现代城市建设中保护优秀历史建筑的典型范例之一

1932 年 1 月 1 日，国泰大戏院正式对外营业

国泰电影院

　　国泰电影院原为国泰大戏院，建于 1930 年，由鸿达洋行设计，钢筋混凝土结构，外墙采用紫酱红的泰山砖（老牌民族资本企业泰山砖瓦股份有限公司生产的墙面砖），白色嵌缝，属典型的装饰艺术派风格。

　　1932 年 1 月 1 日，国泰大戏院正式对外营业。当天登在《申报》上广告用语是："富丽宏壮执上海电影院之牛耳，精致舒适集现代科学化之大成。"新中国成立后更名为国泰电影院。

　　几十年来，国泰电影院多次举办"观众见面会""新片首映式""新片新闻发布会"等，先后举办"亚洲电影周""苏联电影周""朝鲜电影周""优秀京剧影片回顾展""澳大利亚电影节影展""法国电影展"等活动。1993 年起为历届上海国际电影节指定放映单位。

红房子西菜馆

  红房子西菜馆是上海历史最悠久的法式西餐馆之一。中华老字号，原卢湾区名特商店。

  红房子西菜馆开设于1935年，由意大利籍犹太人开设于霞飞路975号，创业时名叫"罗威饭店"。

  20世纪40年代，重新开在上海亚尔培路（现陕西南路上），店名叫"喜乐意"。

  20世纪50年代，著名京剧艺术家梅兰芳偶然造访，提议根据店标特点——大红门楣大红门楼，更名"红房子"。自此原本的"喜乐意"西餐社，改名"红房子西餐社"。

  红房子西菜馆先后接待过法国总统蓬皮杜、丹麦首相安高·约翰森、美国总统布什。

  我国老一辈党和国家领导人刘少奇、周恩来、陈毅等也到过红房子西菜馆。

  在上海，不少人学会吃西餐是从红房子开始的。牛排加浓汤的经典搭配，依然是很多上海人不变的选择。

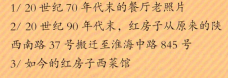

1
2
3

1/ 20世纪70年代末的餐厅老照片
2/ 20世纪90年代末，红房子从原来的陕西南路37号搬迁至淮海中路845号
3/ 如今的红房子西菜馆

思南公馆

　　思南公馆历史沿革始于 1920 年。这一年,沿"法国公园"(今复兴公园)南面的"辣斐德路"(今复兴中路),首批花园大宅拔地而起。随后的十年里,"辣斐德路"以南,"马斯南路"(今思南路)以东,"吕班路"(今重庆南路)以西地区的花园洋房陆续建成,吸引了大批当时的军政要员、革命家、企业家、专业人士和知名艺术家迁入,使该地区成为当时上流社会的居停和会聚之所,周恩来、冯玉祥、曾朴、梅兰芳、柳亚子等曾旅居于此。

　　1999 年 9 月,上海市建设和房屋管理部门确定上海多个优秀历史街区作为保留保护改造的试点。卢湾区第 47、48 街坊被列为试点之一。以思南路为界,分成东、西两块,涉及保留保护历史建筑 51 幢,汇集 8 种上海近代居住建筑类型,这就是被称为"思南公馆"的这片街区。

　　2010 年思南公馆完成保留保护改造,是目前上海市中心唯一以成片花园洋房形式保留保护为特色的项目。

1/ 改造前的思南公馆
2/ 改造后的思南公馆

香黛广场

　　1999 年，处于淮海路东段与西段交界处的四明里地块改造正式启动，建成了现在的四明里公共绿地，地下则建造了一个大型的民防工程。该工程由大厅和地铁通道组成，与地面有 4 个通道，2000 年 11 月竣工，当年该工程还荣获上海市民防建设工程"民防杯"奖。

　　为做好民防工程平战结合开发利用，迎合淮海路整体商业业态，2002 年 9 月，集购物、娱乐、休闲为一体的"地下购物商城"——香黛广场在这里诞生了。

　　处于百年淮海路中心地带的香黛广场，建成以后，一直紧随时尚的脚步，不断调整、优化。高雅浪漫的街道风情，玲珑活跃的购物环境，让这里充满了时尚的碰撞。

1999 年四明里

华狮广场

　　华狮购物中心位于淮海中路 688 号，地上 5 层，地下 1 层。商场被定位于中型的、都会式的购物体验场所，聚焦时尚和生活风尚，同时涵盖美容和餐饮等元素。

1/2/3　　1/ 华狮广场原址上有古今胸罩淮海店、复兴玫瑰园、上海花园夜总会等门店
2/ 2006 年 10 月 5 日，上海"玫瑰婚典"在淮海中路 688 号华狮广场、浦东世纪公园、上海城大酒家举行
3/ 2012 年的华狮广场

尚贤坊

尚贤坊位于淮海中路 358 弄，石库门里弄住宅，于 1924 年建成。

尚贤坊的名称与尚贤堂有关。尚贤堂是美国基督教传教士李佳白于 1897 年在北京创立传播基督教文化思想的机构，按英文意译为"中国国际学会"，1900 年被义和团烧毁。

1903 年，李佳白来上海重建尚贤堂，选址在霞飞路北侧，经募捐后建造一座讲学堂和一座举办外语、政治、历史学习的大楼。1927 年，李佳白逝世后，尚贤堂宣告解散。

1989 年 9 月 25 日，尚贤坊被上海市政府公布为上海市文物保护单位。由于长期过度使用，尚贤坊建筑破坏严重，居住条件很差，黄浦区政府决定进行旧城区综合保护改造，重塑历史风貌，提升淮海路沿线整体商务品质。

2016 年底，重建工程开工，共计投资近 50 亿，打造一座涵盖商业、酒店、办公的淮海路项目。商业部分与已经建成的一期 K11 一起成为上海的时尚 ICON，古典与现代在此交融。近百年历史的尚贤坊，在各界十几年的努力之下，获得新生。

1/2/3
4/5/6

1/ 李佳白一家人

2/ 2014 年 8 月 19 日《解放日报》报道"尚贤坊"旧改

3/ 2016 年 6 月底，23 个月内尚贤坊地块圆满完成征收工作，在"公开、公平、公正"新政策的环境下，
充分听取居民意见，制定出符合当前房屋价值的征收安置补偿方案，让老百姓在透明公开的阳光政策
中得到最大的保障

4/ 尚贤坊里的老弄堂

5/ 尚贤坊占地面积为 6120 平方米，总建筑面积为 10180 平方米。弄内有 3 排单开间、双开间联排式住宅，
总弄与支弄呈"丰"字形。沿街底层为店铺，第二、第三层为住宅

6/ 2017 年，尚贤坊开发商将方案进行了调整，最终保留了所有的石库门建筑，共计 9346 平方米，并
获得了政府的批准

雁荡路的第一次繁荣，仰仗于在原"顾家宅花园"基础上改建的法式公园（现复兴公园）

雁荡路

雁荡路步行休闲街，北起淮海中路，向南经兴安路、南昌路，与复兴公园大道连通。

雁荡路由法租界公董局越界修筑于1902年，最初的名称为"军营路"（Rue de Camp），北起霞飞路（今淮海中路），南到顾家宅"法国兵营"（1909年改建为法国公园），马路也因法国兵营而得名，不久，这里又改名为"华龙路"（Route Voyron）。

1997年，卢湾区政府启动休闲步行街建设，按历史文化风貌进行了景观设计，铺设彩色方石路面，整修沿路外立面。1998年政府投资1亿元于49-59号处兴建5层多功能商业综合楼金雁坊娱乐总汇，同时对全街进行网点调整。

1999年，雁荡路被评为上海首批商业专业特色街。

人情乐迁

淮海路的变迁离不开动迁，动迁离不开人，因为有人，淮海路的故事才变得更加精彩。从动迁居民到动迁工作者，从各级领导关怀到百姓安居，他们是亲历者，也是见证者。

党和政府的支持和关怀

　　党的领导是改革开放取得成功的根本保证，淮海路的发展同样离不开党和政府的领导、支持和关怀。从"危棚简屋"改造到动拆迁居民安置，从"阳光动迁"政策制定到征收与补偿条例出台，积极引进外资、合理规划布局、勇于探索创新，走出了一条发展与保护相结合的旧改之路，取得了成就，赢得了口碑，温暖了民心。

1/ 2005 年 9 月 14 日，时任上海市人大常委会主任刘云耕，上海市政府副市长杨雄到上海安佳房地产动拆迁有限公司指导工作并慰问动迁居民

2/ 2009 年 5 月 18 日，时任中央第二巡回检查组组长、第十一届全国政协常委、国家工商行政管理总局原局长王众孚到建国东路 390 号（卢湾区第 45 街坊）地块视察

3/ 2009 年 6 月 13 日，时任上海市政府副秘书长尹弘到建国东路 390（卢湾区第 45 街坊）动迁基地调研

4/ 2005 年 3 月 17 日，时任上海市委常委、副市长周禹鹏，世博会组委会专职副主任、上海市人大常委会副主任钟燕群到卢湾世博园区动迁基地视察

5/ 2006 年 2 月 3 日，时任中共卢湾区委书记沙海林到新新里（卢湾区第 55 街坊）动迁基地慰问工作人员

1/2
3/4

1/ 2009 年 5 月 23 日，时任上海市副市长沈骏在卢湾区委书记徐逸波、副区长许锦国的陪同下到建国东路 390（卢湾区第 45 街坊）动迁基地视察

2/ 2010 年 1 月 11 日，时任国务院法制办副主任郜风涛到建国东路 390（卢湾区第 45 街坊）动迁基地调研

3/ 2012 年 6 月 28 日，时任中共黄浦区委书记徐逸波，副区长许锦国接受动迁居民锦旗

4/ 2015 年 2 月 12 日，时任黄浦区区长汤志平，在中城企业（集团）公司董事长于洪陪同下，到尚贤坊保护性改造项目地块视察

1/ 2009 年 4 月 3 日，时任卢湾区委常委、副区长赵祝平到上海安佳房地产动拆迁有限公司视察调研

2/ 2011 年 5 月 16 日，时任上海市纪委副书记、市监察局局长顾国林到卢湾区太平桥地区 115 地块调研

3/ 2009 年 6 月 9 日，时任中共上海市委副秘书长刘卫国到建国东路 390（卢湾区第 45 街坊）地块调研

4/ 2009 年 6 月 2 日，时任市建设交通工作党委书记许德明、建设交通委主任黄融率市建设交通两委班子成员及处室负责人在卢湾区委区政府领导陪同下到建国东路 390（卢湾区第 45 街坊）地块调研

1/ 2018 年 5 月 14 日，中共黄浦区委书记杲云到斜土路 816 弄 1 号郁金香花苑拔点置换项目地块调研

2/ 1993 年 6 月，时任中共卢湾区委书记张恭伟等区府领导参加 135 地块签约仪式

3/ 2006 年 3 月 22 日，时任中共卢湾区委书记何卫国到安佳动拆迁公司调研

4/ 2004 年 6 月 28 日，时任卢湾区人大常委会主任江介华到马当路 388 号（卢湾区第 43 街坊）调研

1/2
3/4

1/ 2018 年 8 月 30 日，时任黄浦区人大常委会主任黄冲，黄浦区人大常委会副主任、区总工会主席屠奇敏到黄浦区 508/514 街坊（亚龙）征收地块调研

2/ 2009 年 5 月 26 日，时任市住房保障与房屋管理局副局长黄永平到建国东路 390（卢湾区第 45 街坊）地块调研

3/ 2005 年 4 月 30 日，时任卢湾区区长张载养等领导到卢湾世博园区动迁基地调研

4/ 2018 年 9 月 17 日，中共黄浦区委副书记、区长巢克俭，副区长洪继梁到黄浦区 508/514 街坊（亚龙）征收地块专题调研

1/ 2006 年 6 月 26 日，时任卢湾区政协主席翁蕴珍，副主席张学聪到新新里（卢湾区第 55 街坊）动迁基地调研

2/ 2006 年 1 月 19 日，时任卢湾区政协主席潘介生到新新里基地（卢湾区第 55 街坊）动迁基地调研

3/ 2012 年 5 月 10 日，时任黄浦区政协主席张华，区委常委、统战部部长张浩亮到卢湾区太平桥地块 115 征收地块调研

4/ 2005 年 11 月 23 日，时任中共卢湾区委副书记陈长顺到卢湾世博园区动迁基地视察

1/ 2007 年 7 月 23 日，时任中共卢湾区委副书记丁海椒为卢湾区太平桥 126—127 街坊乔迁居民送上鲜花

2/ 1994 年 4 月 4 日，时任卢湾区副区长马云安等领导到延安中路高架工程动迁项目视察、交流

3/ 2009 年 3 月 15 日，时任卢湾区副区长许锦国到建国东路 390（卢湾区第 45 街坊）动迁基地调研

4/ 2009 年 5 月 7 日，时任市建交委副主任倪蓉到建国东路 390（卢湾区第 45 街坊）地块调研

1/ 2018 年 11 月 16 日，时任上海永业企业（集团）有限公司党委书记戴金梁到上海安佳房地产动拆迁有限公司调研

2/ 2007 年 7 月，卢湾区重大办党政领导到上海安佳房地产动拆迁有限公司调研

3/ 2009 年 11 月 22 日，卢湾区 130 街坊嵩山路 71 弄地块旧区改造大会，时任区建交委主任陆进兵、淮海街道党工委书记陈杰、主任曹小敏等参加

动迁工作者的酸甜苦辣

动迁工作者常年奋战在动拆迁工作一线。他们不仅要向老百姓传达政府的动拆迁政策，而且还要经常为老百姓调解由动拆迁引发的家庭矛盾，可谓既是服务员又是调解员。同时，他们还在工作中不断总结经验，为动拆迁政策的进一步完善及落实不懈努力，是当之无愧的“阳光动迁”政策的探路者、实践者和维护者。

HOT SPOT / 热点观察

一线民声

文/《瞭望》新闻周刊记者 陆文军

张国樑：上海“阳光动迁”第一人

“依法依规、倾听民意”，以法律、科技、机制做保障，“阳光动迁”拆除了群众心中那堵动迁的“墙”

毗邻上海时尚地标K11，紧挨新天地休闲区，位于上海淮海路钻石商圈的石库门建筑代表、已有九旬高龄的“尚贤坊”被纳入保护性改造项目，开展房屋征收工作。

7月26日，尚贤坊征收正式签约开始，首日签约率就接近50%，短短20来天后，8月中旬该地块居民签约率就提前达到85%的法定标准，所有协议正式生效。

尚贤坊，只是上海实施“阳光征收”的一个缩影。而尚贤坊基地征收工作的负责人——上海市黄浦第一房屋征收事务所总经理张国樑，正是上海“阳光动迁”的最早探索者和实践者。

作为一名普通基层干部，20多年来，张国樑先后承担并完成了上海市政道路、世博园区、轨道交通、大型公共绿地等重大市政工程、旧区改造前期50余地块、近3万户居民的动迁工作，累计面积达75万平方米，受益群众超过10万。

“绝不让老实人吃亏”，张国樑说，阳光透明动迁法，拆除了老百姓心里那堵“墙”，真正把好事做好。

“阳光”照穿动迁“那堵墙”

在上海等大城市，一面高楼大厦，一面棚户简屋的情况依然存在，旧区改造不仅可以改善居住民生，也为城市转型发展腾出了空间，而最大的矛盾，就是动迁。

动迁难，就难在不公平带来的不信任。“动迁老兵”张国樑发现，自上世纪80年代以来，动拆迁工作经历了数次改革，但社会矛盾不降反增。他总结，动迁居民有三怕：一怕过程不透明、二怕补偿不合理、三怕安置房不方便。

“住房破败还在拎马桶的居民，盼动迁又怕动迁，核心就是怕不公平”，张国樑说，十多年前，一个阳光透明的动迁新机制，逐渐在他的脑子里成型，“只要老实人不吃亏，先走的不吃亏，做到前后标准一致，动迁就不难。”

张国樑在尚贤坊基地征收中与当地居民交流沟通

2002年，为一家大医院建造门急诊大楼进行动拆迁时，他大胆尝试“阳光动迁”。召开动迁居民情况说明会时，张国樑承诺把所有动迁的方案和标准和盘托出，决不搞前紧后松。

他坦言，此前在动迁中，存在不规范是“公开的秘密”，“暗箱操作”让更多居民产生不信任，形成了“小闹小便宜、大闹大便宜、誓死做钉子户”的博弈心态，正常的动迁越来越难，要打破这道“墙”，只有把所有动迁信息放在阳光下晒。

“首次试水压力巨大，居民将信将疑，后来发现我们‘动真格’，开始支持拥护我们的做法，我们有了信心，把阳光进行到底”，他说。

初尝“阳光”甜头，张国樑决心把这一机制制度化。2005年启动的世博动迁中，“阳光动迁”效果良好，788户居民、24家企业全部顺利签约，没有一个“钉子户”。

他说，有了“阳光动迁”，补偿只穿“直筒裤”，不穿“喇叭裤”，多年尝试后，现在上海市形成了“数砖头加套型保底”的征收新机制。“数砖头”，就是以被拆除房屋为补偿依据，形成统一严格的补贴标准，规避了原先“数人头”造成的不透明、不公平；“套型保底”就是对安置后仍有困难的居民进行保障托底，确保居者有其屋。

张国樑首创的“阳光动迁”法，已在上海市推广，每户居民的人员情况、房屋面积、补偿结果、房源情况等各种信息全部公开，随时接受居民和外界监督。

在最近启动的尚贤坊基地上，就是严格采用了这套“阳光征收”的方法，5月19日以96.2%的高投票率通过了第一轮征询和协商确定征收补偿安置方案后，7月26日正式进入签约阶段，8月中旬签约率达85%，区内316户动迁居民将告别几十年的蜗居生活，圆上“新房梦”。

26日签约第一天，早上8点半不到，签约现场早已坐满了附近居民。9点过后，首批居民陆续拿到房屋征收补偿安置协议。在反复确认相关条款后，居民金大伯在合同上签下名字，他告诉本刊记者，这一刻他们全家已盼了近10年，“我们也想早点改善生活，这个房子太老了。楼梯陡、空间小、采光差，每天要倒马桶，实在太艰苦。”

上海旧区改造的任务依然很重，仅以市中心的黄浦区为例，目前尚有百万平方米亟待旧改，马桶还有9万个。

上海市城乡建设和管理委员会副主任

2014年8月18日第33期 瞭望新闻周刊 17

8

同步向前 喜迎十八大·特刊

文汇报

阳光征收 见证民生改善

黄浦区第一房屋征收事务所的创新之路

本报记者 王蔚

征收基地上，那些与青春有关的日子

2014 年 8 月 18 日《瞭望新闻周刊》　　2012 年 10 月 15 日《文汇报》

1/2
3/4

1/ 欢送居民搬迁，祝贺乔迁之喜

2/ 卢湾区危棚简屋拆除工作总结表彰大会（1997年12月）

3/ 征收公司工作人员会议

4/ 卢湾区太平桥地区115地块（东块）项目动迁启动仪式暨居民政策咨询会

1/ 2006 年 7 月，卢湾区马当路 388 号（卢湾区第 43 街坊）动迁基地工作人员挤时间吃盒饭
2/ 征收工作人员为动迁居民解答动迁政策

动迁居民的幸福生活

　　动迁居民为了上海的发展，为了更加美好的淮海路，作出了很多牺牲。他们中间有很多人从不理解到全力以赴支持动拆迁工作，正因为有了他们的支持，才有淮海路的今日新貌，让我们一起向他们致敬。

《新民晚报》通讯《居民确信阳光动迁无猫腻》

动迁居民向政府送锦旗

《动迁乐》

九十年的尚贤坊，
蜗居生活数十载。
喜闻甲午来动迁，
百姓奇奇表愿意。

签约似进二十天，
已达百之八十五。
乔迁新居住高楼，
党的惠民政策好。

改革所果人民享，
男女老少今欢颜。
幸福生活乐陶陶，
我们赶上好世纪。

尚贤坊 郑咏然 8.18

1

2

1/ 新天地地块居民搬家当天接受采访

2/ 原尚贤坊居民郑咏咎与家人在老宅前留影并作诗《动迁乐》

　　1/ 淮海中路尚贤坊内特有的弄堂小吃
　　　　　　2/ 淮海中路尚贤坊内居民住宅

情迁淮海以
HUAIHAI
ROAD

改革开放|40周年

未来跃迁

面对 2035，面向未来，淮海路将是什么样子？您心目中未来的淮海路又是什么样子？一千个人就有一千个答案。留下您的美好想象，为淮海路描绘一个更加灿烂的明天。

2018 年 12 月 18 日《上海改革开放 40 周年——情"迁"淮海路》主题展获得了巨大的成功，吸引了 2.5 万余人次的踊跃参观，人们纷纷在"未来跃迁"互动墙上留下了自己的感想，有感动，有回忆，也有对淮海路未来的期望。

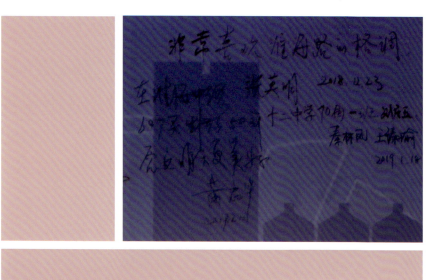

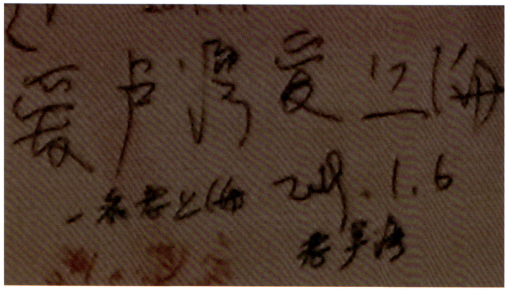

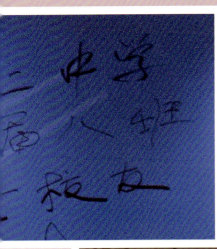

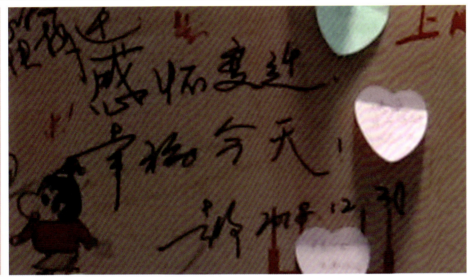

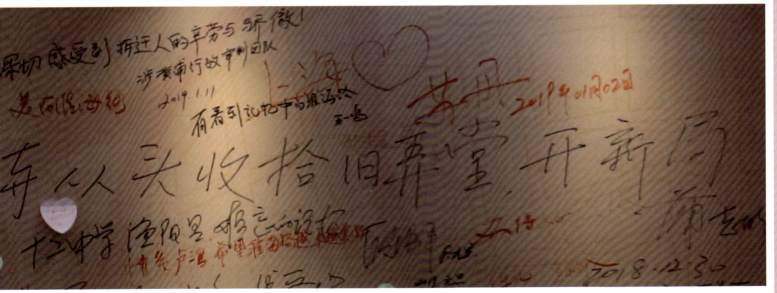

黄浦区新录用公务员参观《上海改革开放 40 周年——情"迁"淮海路》主题展后合影留念

后记

值此庆祝新中国 70 华诞的历史时刻，伴随新时代深化改革加快发展的进军鼓点，记录淮海路历史变迁、改革进程的《情"迁"淮海路——致敬新中国 70 华诞》画册出版了。这是给伟大祖国献上的礼物，也是为改革开放谱写的赞歌。

去冬，为纪念改革开放 40 周年，由张国樑房屋征收劳模创新工作室主办的《上海改革开放 40 周年——情"迁"淮海路》展览，得到了中共黄浦区委宣传部、黄浦区旧区改造（房屋征收）工作领导小组办公室和上海永业企业（集团）有限公司的高度重视和大力支持，取得圆满成功。

在展览的前期筹备过程中，上海安佳房地产动拆迁有限公司、上海复兴建设发展有限公司、上海中城企业集团房地产有限公司、上海高城建设有限公司、上海卢湾房屋动拆迁有限公司、黄浦区各房屋征收事务所和上海领意文化传播有限公司提供了大量珍贵的历史图文资料并给予帮助，为展览创意设计作出了辛勤努力；其间，原卢湾区历任领导对此次展览也给予了精心指导、热诚帮助，并提出了宝贵意见。

于 2018 年 12 月 18 日正式开幕的《上海改革开放 40 周年——情"迁"淮海路》主题展获得了巨大成功，吸引了 2.5 万余人次的踊跃参观，日均人流量 800 余人次，多时近千人次。上海各大主流媒体反响热烈，予以连续报道。就在展览即将闭幕之际，黄浦区委领导提议，为了延伸展览效应，拟出版纪念画册。为此，展览主办方张国樑房屋征收劳模创新工作室决定编纂出版《情"迁"淮海路》画册，为城市建设发展树碑，为特大城市动拆迁工作留档。

今年 2 月中旬，画册编纂工作正式启动，张国樑邀请上海老新闻工作者协会会长孙洪康、协会副秘书长洪梅芬进行了初步策划，提出了初步方案。2 月下旬，作为画册的主编方：张国樑房屋征收劳模创新工作室邀请上海老新闻工作者协会孙洪康、洪梅芬，上海出版协会会长胡国强，上海人民出版社党委副书记、副社长何元龙，编辑赵蔚华等举行了画册编纂工作会议，对在展览基础上的画册编纂进行了重新构思。会议认为，今年恰逢中华人民共和国建国 70 周年，出版以记录百年淮海路变迁为主题的画册《情"迁"淮海路》不仅具有史料价值，还具有纪念与献礼价值。画册编委会逐确定书名为《情"迁"淮海路——致敬新中国 70 华诞》。

会后，上海老新闻工作者协会组织力量对原展览的图片与文字及其框架进行了重新梳理与调整，充实了内容，确定了主题，数易其稿，精心编撰。

经过众人坚持不懈的努力，《情"迁"淮海路——致敬新中国 70 华诞》画册付梓面世。在此，由衷感谢上海老新闻工作者协会和上海人民出版社在本画册编纂制作过程中付出的巨大心血。

这本画册不仅是一本精致地记录《上海改革开放 40 周年——情"迁"淮海路》展览的照片合集，也是叙述淮海路巨大变迁的纪实文字，它收集了淮海路跨世纪，特别是经历改革开放 40 年反映动迁工作的珍贵照片，每张照片都定格了一个瞬间，合起来就是一部记录淮海路变迁轨迹、留有诸多记忆的珍贵史册。

谨此，献给所有参与《上海改革开放 40 周年——情"迁"淮海路》展览的工作人员，献给所有参与此画册编纂工作的成员，乃至所有为淮海路变迁工作倾情奉献的人们！

张国樑房屋征收劳模创新工作室

2019 年 4 月

图书在版编目(CIP)数据

情"迁"淮海路:致敬新中国 70 华诞/张国樑房屋
征收劳模创新工作室编.—上海:上海人民出版社,
2019
ISBN 978 - 7 - 208 - 15909 - 9

Ⅰ.①情…　Ⅱ.①张…　Ⅲ.①城市道路-上海-画册
Ⅳ.①K925.1 - 64

中国版本图书馆 CIP 数据核字(2019)第 122574 号

责任编辑　赵蔚华
封面设计　陈　楠

情"迁"淮海路
——致敬新中国 70 华诞
张国樑房屋征收劳模创新工作室 编

出　　版　上海人民出版社
　　　　　（200001　上海福建中路 193 号）
发　　行　上海人民出版社发行中心
印　　刷　上海盛通时代印刷有限公司
开　　本　787×1092　1/12
印　　张　10⅓
插　　页　4
版　　次　2019 年 7 月第 1 版
印　　次　2019 年 7 月第 1 次印刷
ISBN 978 - 7 - 208 - 15909 - 9/J・538
定　　价　98.00 元